ヘルコルブス、
または赤い惑星

V.M.ラボル

今日の話題社

ヘルコルブス、
または赤い惑星

V．M．ラボル

ヘルコルブス、または赤い惑星
Joaquín Enrique Amórtequi Valbuena
(V.M.Rabolú)

コロンビア版原題
HELCÓLUBS O PLANETA ROJO
初版　1999年6月

この著作の発表は著者に帰属します。

発行者の書面による許諾なく、この著作の全部または一部を、ラジオ・テレビ・インターネットを含むいかなる電子・機械方式による複製または放送することを禁じます。

© C.Volkenborn Verlag,
Pstfach 1116
63611 Bad Orb, Deutschland

はしがき

　私は立つことも座ることもできない病床の中で、来たるべき破局を人類に警告する必要を感じ、多大な犠牲と努力を払ってこの本を書きました。

　もう何もなすすべがないので、私はこのメッセージを最後の手段として人類に捧げます。

Ｖ．Ｍ．ラボル

目次

はしがき……………………………………… 3
ヘルコルブス、または赤い惑星…………… 7
核実験と海…………………………………… 13
異星人………………………………………… 18
金星の生活…………………………………… 19
火星の生活…………………………………… 28
宇宙船………………………………………… 32
死……………………………………………… 35
霊体の出遊…………………………………… 40
あとがき……………………………………… 45
親愛なる読者へ……………………………… 47

ヘルコルブス、または赤い惑星

　人類は、真実をゆがめ、人類に虚言を吹き込んでいる、いつわりにも科学者と称する人々の予言に惑わされています。私たちは地球に接近しつつある「ヘルコルブス」、または「赤い惑星」について話すことにしましょう。

　聞くところによると、科学者たちは、かなりの質量と直径を持つヘルコルブスを、子供の玩具か何かであるかのように、すでに計算したというのです。
　しかし、そんな簡単なものではありません。ヘルコルブス、または赤い惑星は木星の５〜６倍の大きさもある巨星であり、何者もそれを止めたり方向を変えたりすることはできないのです。

　地球人はそれを玩具のように思っていますが、本当は地球の最期の始まりであり、それはもうすでにそこまで来ているのです。
　太陽系のほかの惑星ではこのことはもう知られており、この破局を避けるための援助を地球に与えたいと強く望んでいます。しかし、いかに文明の進んだ彼らであっても、

その破局を止めることはできません。

　なぜならそれは、諸々の悪を滅ぼすために、私たちが受けるべき罰なのだからです。

　ヘルコルブスは、私たちの世界と同様、ひとつの創造物であり、そこには我々同様、邪悪な人類が住んでいます。それぞれの惑星や世界にはそれぞれの人類がいるのです。
　願わくば科学者諸氏が恐れ多くもこの赤い惑星を攻撃し、破壊しようなどとは夢にも思いませんように。なぜならヘルコルブスには、地球と対戦し、一瞬のうちに滅亡させることができる武器があるのです。もし彼らを攻撃すれば彼らは防衛に出て、地球の終末がもっと早まるだけです。

　生命の有為転変のうちに、すべてのものはその起源、あるいは終末に還ります。
　規模こそ小さいものの、同様のことはアトランティス大陸で起こりました。しかし、このような事態の再来においては、私たちの惑星は別の惑星がすれすれに通過することに耐えられず、粉々に飛び散ってしまうでしょう。
　科学者諸氏は、自分たちの兵器がこのような巨星を破壊できるほど強力であると信じているので、このことを認めようとしませんが、それは大きな間違いです。
　これから瞬時のうちに起ころうとしているのは、彼らの

造った「バベルの塔」、あの有名な塔の破壊です。その塔はすでに造り上げられました。しかし、その逆効果がこれから人類にふりかかってくるのです。

そのことについて科学者たちは、昔から今までやってきたように、自尊心や虚栄心や権力欲にあやつられ、真実を歪める自分たちの理論でそれを否定します。

彼らはロバがいななくように嘲笑するでしょう。なぜなら彼らは自分たちの行いの結果を計ることができないからなのです。彼らはこの地球を支配するため地上を核兵器で満たし、すべてを打ち砕く神とその審判の存在をないがしろにしてきました。

ロバたちに神のことを話しても騒ぎ立てるばかりなので、何にもなりません。自分たちの成果を得意にし、神を否定し、自分がまるで神であるかのように自負しているのですが、いつまでもそういうわけにはいかないでしょう。

今大国と呼ばれている偽りの大国は、モラル的、経済的にも破滅に追い込まれるでしょう。なぜならば、貨幣は瞬く間に消え、飢餓と貧困が彼らを滅亡に導くからです。

強烈な一撃に耐えられず、恐怖と戦慄におののくことでしょう。そこではじめて、悪を裁く神の正義が実際に存在することに気付くのです。

現在起こっている現象は、すべての人々が血眼になって金を追い求めていることです。それはかつて、お金を神とし宗教が黄金の子牛で象徴されていた、当時のアトランティスで起こった現象と全く同じです。

　私たちの時代も、当時と同様にお金が神となっていますが、とんでもない間違いです。

　今は自分の力を誇示できる金持たちも、いくら財力があったところで、買うものも売るものもなくてはなすすべもなく、最も不幸な人間となってしまいます。彼らは泣いてひざまずきながら、一皿の食べ物を乞い、犬のように泣き叫ぶことでしょう。

　ヘルコルブスが最も地球に接近し、太陽の隣に位置するとき、医者や学界にも分類や治療法がわからない、死をもたらす疫病が発生し、それは地球全体に広がります。この疫病の前では彼らはお手上げの状態に陥らざるを得ません。我々の惑星からは生命が消滅しはじめ、ひどい飢餓と耐えがたい暑さのために、人が人の死体を喰わなければならなくなるでしょう。

　悲劇、そして暗黒の時代は近づいています。振動、地震、

津波、人類は食べることも寝ることもままならず、精神のバランスを失います。そして危機が迫るのを目の当たりに見て、彼らは完全に狂気に陥り、集団でもって絶壁に身を投げることでしょう。

　この人類が絶滅するのは間違いありません。そしてこの星における生命は途絶え、大地は海底に沈んでしまうことでしょう。
　なぜなら人類は退廃の極みに達してしまっているため、たとえその害悪を他の星に渡そうと思っても、それはすでに許容量を超えてしまっているからなのです。

　科学者たちや世界中の人間は、まだ消滅が始まらないうちから破滅に対するパニックに陥りますが、その一方で、誰一人として神を畏れる気持がありません。
　今でこそ彼らは自分こそ生命の主であり、支配者であり、強大な力を持っているものと信じていますが、いずれは自分たちの行為に応じた裁きを下す神の審判が確かに存在するのを認めざるを得なくなるのです。

　この本で私がはっきり述べたいのは、これらはごく近い未来の予言であるということです。私には地球の終わりが明らかに見え、それがわかっているからです。私はこの哀

れな人類を思い悩むがゆえに、脅かすのではなくて、警告しているのです。事態は待ってはくれません。もう無駄なことに費やす時間はないのです。

核実験と海

　私たちは袋小路に迷い込んでいます。
　前章ではヘルコルプスについて、人々の不安や恐怖を掻き立てないよう、あまり深く掘り下げず表面的なことをお話しするにとどめました。この章では、もう一つの、もはや誰にも止めることのできない致命的・破壊的な危機についてお話しましょう。それは、海における核実験です。

　科学者たちや、自らを大国と称する国々が行なっている核実験によって、海底にはかなり深く大規模な亀裂ができ、地球内部の火に届きはじめています。彼らは地球と人類に対してこれまでずっと犯しつづけている野蛮な行為の結果を把握してはいないのです。

　地球内部の火は海水との接触をはじめ、サイクロンを発生させています。アメリカ人たちはそれを「エルニーニョ現象」と呼んでいますが、実はエルニーニョではなく、海中で広がりつつある地球内部の火と海水の接触なのです。
　このままでは、そのうちに亀裂に沿って、地震や津波など、陸や海で恐るべき事態が起こり、沿岸の町はひとつ残

らず破壊されてしまうでしょう。そして、大地は海に沈みはじめます。なぜなら、地軸が、彼らが行なっている核実験によって移動しているからです。

　地軸が振動や地震や津波によって、その本来の位置からはずれ切ったとき、陸の沈没が訪れることでしょう。しかしながら親愛なる読者のみなさん、陸地が突然沈没するのではないかと考える必要はありません。というのも、この現象はこれは人類が避けて通ることのできない、長くゆっくりと続く苦難の道乗りだからなのです。つまり、大地は終末を迎えるまで、少しづつ海に沈んでいくのです。

　科学者たちが、天地の創造物に対して犯した残虐な行為の結果を予測することはないでしょう。なぜなら彼らは自らの発明の犠牲者になるでしょうから。すでに海底には原子力エネルギーで肥大した怪物や野獣が存在し、水温の上昇がかれらを追い立て逃げ惑わせています。かれらは沿岸の町にたどりつき、家や建物、船や人々、すべてを破壊してしまうことでしょう。原子力エネルギーによってできたこれらの野獣は、原子性野獣であり、したがって三次元の爆弾は何の役にも立たぬどころか、かれらをさらに怒り狂わせることになるでしょう。
　私がお話ししている事態は、すぐそこまで迫っています。

危機的状況はそれだけにとどまりません。地中の火と接触して起こる海水の沸騰は凄まじい蒸気を立ち上らせ、飛行機も船舶も航行不能になります。そして蒸気は太陽を被い、完全な暗闇が訪れ、私たちの惑星の生命は終末を迎えるのです。
　親愛なる読者の皆様に忠告いたしますが、今いる場所から移動しようなどとお考えになりませんように。もうどこにも行く場所はないのです。

　科学者たちは、自分たちが行った核実験によって引き起こされた、これら全ての結果を無視しています。いくら科学に通じていると言ったところで、彼らは人類と自分たち自身を破滅に追い込む武器を発明することについて何とも思わない愚かなけだものです。

　原子力エネルギーは海とそこに棲息する生物すべてを汚染するので、私たちが魚介類を食べることは、当然のことながら我々自身の生体を汚染していることになります。ですから、魚介類を食べないよう忠告しておきます。

　海は呼吸するひとつの生命体であり、海が息を吐く時、私たちが吸っている酸素やすべての植物を汚染していま

す。
　この広範囲に及ぶ汚染によって人体に異変が起こり、そして奇形児が生まれはじめ、この全面的な汚染について全世界に警告を発するでしょう。

　別の高い次元から見ると、私たちの惑星はすでに消え失せているのです。見えるのは少しばかりの土と水を壺に入れて沸騰させたような黄色い泥海です。植物、動物、人間、いかなる種類の生物も見当たりません。すべては死に絶えています。ただ、地図の上での消滅が開始されるのは、三次元あるいは物資界における具体化が足りないだけなのです。なぜなら、全ての出来事は高い次元から低い次元に向かって起こるからです。

　ここで私が述べることを、科学者たちや知識人たちはロバがいななくように声高に嘲笑するでしょう。そのくせ、いざその時なったら彼らが一番の臆病者になり、なすすべもなく行く所も知らずに泣くのです。

　それでは我々は人類に関しては何を待つのでしょうか。ただ、その終末を待つしかありません。科学者と偽称する人々は確かに科学者に違いないのですが、あいにく創造的な科学者ではなく、科学を命あるものすべての絶滅のため

に利用している破壊的な学者なのです。

　声高にあざ笑う科学者諸氏にお尋ねしますが、このような人類と地球の破滅の危機から逃れるために、どんな手段が見出せるのでしょうか。そんな手段などありはしません。ただ大災害を待つのみなのです。
　もし何か有効な手段があるのなら、どうか教えてくださいませんか？

異星人

　私は、指一本で太陽の光を遮ろうとしている、アメリカ人の作った映画や雑誌を見ましたが、その程度で私の視界をふさいだり、ましてや人類に吹き込んでいる馬鹿げた理論や低俗な妄想を私に信じ込ませることができると思ったら大間違いだと言っておきましょう。

　彼らは、猛スピードで地球に接近しつつあるヘルコルブスを地球と同じ程度の質量を与えるほどに見下していますが、同じようなことを異星人に対しても行い、彼らのイメージをゴリラや動物のようにゆがめましたが、これは大きな嘘、100パーセント誤解です。
　なぜなら、私たちの太陽系や銀河系に属する他の惑星の住民は、賢明な超人間だからです。

　私は意識的に自分の霊体でもって移動し、火星と金星に行って何度も異星人と接触しました。そのため私は、この素晴らしい住人、言葉で語ることができないほどの彼らの知恵や文化、そして彼らが送る無垢な生活について証明し、保証することができるのです。

郵便はがき

料金受取人払

大崎局承認

3986

差出有効期間
平成17年6月
12日まで
（切手不要）

141-8790

115

東京都品川区上大崎2−13−35
ニューフジビル2階

今日の話題社 行

■読者の皆さまへ ─────────────────

ご購入ありがとうございます。誠にお手数ですが裏面の各欄にご記入の上、ご投函ください。
今後の企画の参考とさせていただきます。

お名前		男 女	才
ご住所　〒			
ご職業	学校名・会社名		

今日の話題社・愛読者カード

ご購入図書名

ご購入書店名

※本書を何でお知りになりましたか。
イ　店頭で（店名　　　　　　　　　　）
ロ　新聞・雑誌等の広告を見て
　　　　　（　　　　　　　　　　）
ハ　書評・紹介記事を見て
　　　　　（　　　　　　　　　　）
ニ　友人・知人の推薦
ホ　小社出版目録を見て
ヘ　その他（　　　　　　　　　　）

※本書について
内容　　　（大変良い　良い　普通　悪い）
デザイン　（大変良い　良い　普通　悪い）
価格　　　（大変良い　良い　普通　悪い）

※本書についてのご感想（お買い求めの動機）

※今後小社より出版をご希望のジャンル・著者・企画がございましたらお聞かせ下さい。

出版したい原稿をお持ちの方は、弊社出版企画部までご連絡下さい。

金星の生活

　金星人は完璧な身体を持っています。広く秀でた額、青い目、真っ直ぐな鼻筋、金色の髪、そして驚くべき知性。
　身長は１３０〜１４０ｃｍほどで、それよりも高くも低くもありません。太鼓腹の人や醜い人はおらず、皆天使のような容貌の、完璧な男性・完璧な女性です。金星とその人類は、進化した優秀な人類であるからです。そこにはこちらで見られるような怪物は見当たりません。

　彼らは灯台のように光がついたり消えたりする多数の赤・青・黄色のボタンがぐるりと一面についた幅広のベルトをしてます。危険が迫ったときは、我々人間が使うベルトのバックルを連想させるメインボタンを押します。ボタンを押すだけで炎の輪ができて、輪の周辺にかかった弾丸やすべてのものを分解できるのです。

　さらに私は、大きさがタバコの箱ほどの手動式の携帯武器を知りました。この装置のボタンを押すだけでどんな大きさの丘も吹き飛ばし、消滅させることができます。もし、地球人がこのような武器を持ったら何をするでしょうか。

彼らに何か質問をしたければ、彼らは何語であろうとも、唇を動かす必要無しに答えます。彼らは語学の天才であり、あらゆる言語を完璧に話せるのです。あなたが金星人と会話をしているときは、他の金星人は休むことなく、やるべきことを熱心にし続けます。

　彼らは私たちのように、身体に障害がある人をじろじろ見たり、悪口を言うために群がってくるようなことはしません。私は金星で自分の姿を見て彼らと比較すると、恥ずかしい思いをします。あそこでは私たちはゴリラのように見えるのです。にもかかわらず、誰もそんなことに注意を払わず、別に驚きもせず、何も気が付かなかったかのように通り過ぎていきます。今まで見たことのない文化です。

　さて次に、金星の陸地、自然、生活用式はどのようなものか、そして彼らの働きぶりについてです。

　金星の土は地球ほど密度は高くはなく、また重くも無く、軽く柔らかい土です。石というと、私たちは地球の石を想像しますが、そうではありません。大小あらゆる石がありますが、こちらの石のような重さや密度がないのです。軽く柔らかい物質でできているので、こちらでは数キロの重

さがあるような石もあちらでは数グラムもなく、簡単に持ち上げることができます。

　樹木はそれほど大きくなく、棘のある植物はありません。また山には歩みを防げる葦のような植物はありません。刈り払うべきものがないので、山刀やナイフを持たずに山中に入っていくことができます。どこにも危険はないのです。

　果樹の種は、実がなるように耕され施肥された土を入れた植木鉢に、家の軒まで蒔かれます。あちらでは、何となく採りたいからといって果物を採ったりする人は誰もおらず、熟れて食べごろになるまで待ちます。
　彼らは果物に手を触れること無く、ある機械を使って収穫し、チューブ装置を通して特殊な洗浄を行う非常に清浄な水が循環するタンクに送ります。果物は洗浄後、別のチューブ装置を通って出て、粉砕機に送られます。そこから別の容器に移され、化学製品ではない天然のビタミンを添加されて、密封包装されます。これは彼らの食料のひとつになります。

　海について、読者の皆さんは自分たちの海と比較すると思います。実際の金星の海は完全な青色で、波ひとつなく、まったく動かない静かな湖のようであり、道具を使わなく

ても深いところまで見ることができます。

　魚は大変おとなしく、人を恐れません。海には金星人が多量のビタミンを与える区域があって、食べる必要が生じた時には、どれが大きくどれを捕りたいかよく見て、他の魚を傷つけたり脅かしたりしないように注意深く網をかけて捕り、内臓を取り除きます。
　魚はただちに、いくつかの滑車を通過して、非常に清浄な水が循環しているタンクに送られ、一回きりの洗浄が行われます。魚には手を触れません。そこからいくつかの機械を通り、魚は粉末になって出てきます。
　この魚には天然ビタミンが加えられ、これは野菜と同様、彼らの食料のひとつになります。あちらでは、いかなる種類の肉も食べません。

　読者によくわかるように言えばレストランと呼べるような所があります。そこに来ると、あるテーブルに着きます。
　あちらでは、すべての住人がお互いの考えを察するので、食べたいものをわざわざ注文する必要はなく、誰も唇を動かさなくとも料理が出てきます。
　礼を述べるとか、私たちがこちらでするようなことは行われません。食べ終わって、テーブルから立って勘定を尋ねたり、感謝の言葉をかけたりする必要もありません。す

べて頭の動きだけで感謝を表わします。

　洋服店でも全く同様です。人々は服を変えたくなったら洋品店に行きます。すると、すぐに服と靴を一緒に渡してくれます。そこではボタンを押すだけで壁が暗い部屋に変わり、着替えをしたり、望めば身体を洗ったりでき、別のボタンを押せばシャワーの水が出ます。次に特殊な洗浄を受けるため、脱いだばかりの服を渡します。皆の使う服や靴に違いは全くなく、揃ったものを使っています。

　あちらでは誰も家を持ちません。金星人のカップルが眠くなったり休息したい時は、家や建物のボタンを押すだけで、そこに暗い部屋が造られます。別のボタンを押せばベッドが出てきます。「これは私のものです」と主張する必要は無く、誰の許可もいりません。それが必要でさえあればいいのです。

　金星の道路はわれわれのものとは異なります。大通りはこちらのエスカレーターのように移動します。すべてが秩序に従っているので、いかなる種類の事故もありません。
　交通機関は、非常に美しく飾られたプラットホームです。プラットホームが移動し、目的地に着くと全員を乗せたまま下がります。人々が降りるのではなくプラットホーム自

体が下がるのです。そして旅を続ける他の乗客を乗せて準備のできた別のプラットホームが上がってきます。この道路もあらゆる機械類も、すべて太陽のエネルギーで動きます。そこでは石油もガソリンも、汚染をもたらすものは一切使わないので、汚染が存在しないのです。

　家や建物を作る時は、彼らはこちらのように作業するために何メートルもの高い場所に登ることはありません。すべて地上で作業を行います。
　建物の屋上がまず最初に作られ、数本のローラーでこの平屋根が持ち上げられ、他の階の工事へと続きます。それができ上がると、またローラーで持ち上げます、このように、事故の危険にさらされることなく、建てたい階数に従って工事が行われます。

　金星人は男も女も、それぞれの仕事で一日2時間働きます。そこにはお金は存在せず、だれ一人として何一つの持ち主ではありません。全ての人があらゆる物に関する権利を持ち、すべての人のために働きます。完全に平等で暮らすので、○○氏や××氏という肩書きが存在しません。飢えや貧困が起こらないように、法律で一日2時間働くことが定められています。

彼らは自分たちの能力で自然を動かします。雨を降らせたい時に降らせ、日を照らさせたい時に照らさせ、曇らせたい時に曇らせます。自然に支配されている私たちとは違います。

「他の惑星に渡航するための許可」というものは存在しません。あちらでは各自が誰にも断る必要はなく、他の惑星であれ他の銀河であれ、行きたいところに行くために、その場にあるステーションで宇宙船に乗ることができます。戻ったときに他の人が使えるように宇宙船を元の場所に置いておくという約束がある以外には完全な自由があるのです。国境も書類もありません。

　金星には私たちの家族にあたるようなものはなく、カップルしかないということをお教えしましょう。結婚するための教会も神父も存在しません。相性、あるいは二つに割ったオレンジの半分といえるような、自分を完成すべき相手と結ばれています。いかなる種類の宗教も存在しません。生命や他人に対するお互いの尊重が彼らの宗教です。

　こちらでやるような姦淫は存在しません。地球人は動物以下なのですから。金星人はグノーシスが教える理性的純潔またはエネルギーの交換を実践します。エネルギーは彼

らの生命そのものなので、彼らは望むだけ寿命を延ばします。一方、我々の惑星では姦淫のために若いうちから老化が見られます。

　彼らはエネルギーにあふれているので、彼らと握手する時はまるでエネルギーを受け取ったかのような、人を揺さぶる電気ショックを感じます。彼らはこちらの人間のようにみだらではありません。理性的純潔がそのようなエネルギーを与えるのです。

　彼らが子供を作る時は、性行為をとおしてではなく、放出された一つの精子で、(生まれる)準備を望む一つの魂に肉体を与えるのに充分なのです。
　こちらのように神父までもが同性愛者と結婚するような性的堕落は存在しません。同性愛もあちらにはありません。彼らは真の男性、真の女性です。現在地球で起こっているようなあらゆる残虐な性行為は、私たちの惑星以外では見られません。他の惑星では、性行為に頼らず子孫を残すことを知っているのです。

　子供が生まれると細心の注意を払って病院に移され、そこで学習する年齢までの間、特別な食事が与えられます。
　就学年齢に達すると、子供は必要なことすべてを学習で

学ぶ大きな作業場である学校に行きます。この学校の指導者は、子供の魂が持って生まれた天分を伸ばすために、機械の操作を教えたり、子供自身のアイディアを発展させたりします。

　ある子供が何かを作ろうというアイディアを出すと、先生や指導者は彼が望むような作品ができるまで補助します。このようにして、全人類に対しても同じようにふるまいます。そのため金星には無知な人間はおらず、すべての人は物質的、精神的向上への準備ができているのです。

火星の生活

　火星での生活は金星と全く同様で、すべてにおいて自由です。

　火星人は、たくさんの書類やパスポート、あるいは誰かの許可必要なしに、惑星のどんなところにでも移動できます。国境がなく、完全な自由があるので、火星には彼らの行くところどこにでも、寝る場所や食べ物や着替える服があります。つまり、彼らの行く所には必要なものすべてがあるのです。これは、私たちの太陽系の他の惑星でも同様です。

　火星人は金星人よりも頑健な体格をしており、活力の範囲に属しているので、見たところ活気に満ちています。

　火星では全ての人々が兵士のユニフォームを着ています。鉾や兜、鎧などの武具は、すべて銅に似た材料でできています。

　彼らは完璧な兵士であるという点で秀でた人たちですが、我々がこちらで言う意味の戦士ではありません。

　戦争というものは彼らの間で、あるいは他の惑星との間でもありません。彼らの言う戦争とは、お互いを相手にし

た戦いのことを言うのではなく、悪に対する、悪をやっつける戦いのことなのです。

　これらの惑星では我々の世界のように単純な力仕事は誰も行わず、誰も汗をかく必要がないということをお教えしましょう。
　あちらでは仕事をするのは太陽エネルギーで働く機械なので、彼らは疲れることがないのです。彼らの仕事というのは互いに交代しながら、機械を運転したり操作したりすることです。すべて彼らの知識を通して動きます。

　異星人たちの能力はすごいもので、自分の意志によって生まれ、成長し、そして死ぬことができるほどです。
　肉体を長年持つことに飽きて変えたくなったら、彼らは死にます。そして、ちょうど彼らと同じ大きさの壁のくぼみに入れられます。小さな扉を閉め、ボタンを押すと数分で灰になります。もし完全に死んでいなければボタンは動かず、完全に息を引き取るために身体を取り出します。
　あちらには墓地はなく、これらの灰は木にまかれたり、土に埋められたりします。人が死んだからとて泣く人はいません。死は彼らにとっては服を着替えることに過ぎないのです。

これらの世界には惑星そのものにも、動植物にも人間にも退化がありません。対照的にこちらでは破壊的行為が示しているように、すべてのものが地球もろとも後退しています。健康を害するハエや蚊の類や爬虫類の心配はありません。

　火星およびその他の惑星の規則は、自分たちや他人、生命すべてに対するお互いの尊重です。彼らは各自の自由な意志を尊重するのです。
　単に銃弾と脅迫で世界を支配しようとする、この地球人とは違います。アメリカ人は自分たちが作る映画や雑誌のなかで、非常に誤った考えに陥っています。

　このように私が火星について少し書くのは、アメリカ人に彼らは他の世界の生命について何も知らないのだということをわからせるためです。彼らは火星や他の惑星における生命の存在を否定しているのですから。

　私は宇宙のことを知るのに望遠鏡や人工の道具は使いません。意志と意識で持って、私は自分の内的身体を思い通りに操ることができるからです。
　グノーシスの教えは私にいくつかの手がかりを与え、私は学んだことを実践しましたが、結論は「知ること」につ

きます。なぜならば、知る者とは「知識」を持つ者であり、「知識」を持たない者は知らないことについて話す者だからです。

　実践におけるグノーシスの教えに比類できるものはなく、それは自分の前に現れるすべての障害を乗り越えさせてくれるのです。

宇宙船

　今度は、宇宙船ついて少しお話ししましょう。それは、科学者たちが無視しているか、あるいは人類にそのようなものの存在を疑わせながらも話題にしているようなものです。

　宇宙船はすべて太陽エネルギーで動きます。こちらには存在しない、弾丸でもどんなものでも防ぎうる物質でできています。継ぎ目のない一枚板でできており、溶接や接合や鋲はなく、操縦はボタンで行われます。

　宇宙船は軽くてアルミニウムによく似た、しかしさらに光沢と耐久性のある、私たちの世界にはない物質でできた二本の平行したチューブからできています。
　このチューブは、宇宙船の前方から後方まで貫いています。前方からは太陽エネルギーを取り入れ、後方から燃焼したエネルギーを排出しますが、これが宇宙船が通過するときに後に残す炎の尾になります。

　すべての宇宙船が円盤型をしているわけではなく、数百

人を運ぶことのできる葉巻型の大型船もあります。ですから全てが同じ型、同じ大きさというわけではありません。これが地球以外の惑星における交通機関です。

　これらの宇宙船の乗務員は電話やテレビのようなものは一切必要とせず、テレパシーで通信します。彼らはすでに目覚めたあらゆる能力を備え持っているのです。

　アメリカ人や他の大国の人々のように声高に嘲笑する地球人の誰もが、自分たちだけが知識のある人間だと思い込んでいますが、他の惑星に存在する驚異を実際には知らない、この哀れで無知な人々は、いったい何をしているのでしょうか。

　異星人の宇宙船は、この本が与える方法を実践している全ての人々を救出する準備を整えています。彼らは我々の内面、外面を知っていて誰を助けるべきかを知っているので、彼らを呼ぶ必要はありません。
　その瞬間がきた時、救いは宇宙船の中にあるのです。この恩恵を受けるのは両手の指で数えられるほどのわずかな人々でしょう。なぜならば誰も実践したがらず、頭の中でそのことを考えるだけだからなのです。
　ところが頭の中からはエゴそのものが引き出す理論が出

てくるのみ。
　ですが、ここで私たちが必要としているのは実行なのです。私たちがなすべきことを一気にはじめることなのです。

　私がこれを書くのは我々がこの銀河、この太陽系の唯一の住人ではなく、しかもより劣った住人だという事実を直ちにすべての人々に知ってもらいたいからです。また、大国を自負する国々がすべてを知っているにもかかわらず、なおその行為でもってその事実とは逆のことを示しているからです。
　彼ら自身や他国の人々に対して行っている残虐な行為が我々人類というものの特質を表しています。彼らの作り話を私に投げかけてきませんように。私こそすべてをよく知っている者なのです。

死

　この章は神秘学的な意味での「死」というタイトルです。なぜかと言うと、自己の欠点をなくしはじめた人は、全人類が納まっている環の外へと出はじめるからです。そんな時にその人を悪事に引き込もうとする人たちは、「奴は何の役にも立たない、死んだ人間だ」と言いますが、それは彼が他人と同じ道をたどらないからです。

　人間はみな、「魂」「ブッダハタ」「本質」などと呼ばれる「神の光のかけら」を内に秘めています。様々な名前がありますが、実際に私が皆さんに教えているような精神的鍛錬へと我々を駆り立て、力を与えてくれるのはこの「神の片鱗」なのです。
　この「本質」または「魂」は、我々すべての欠点や悪、または神秘学的には「エゴ」と呼ばれる心理学上の自我の中に囚われています。この自我こそが、人間の声や命令に従うものであるために、「本質」または「魂」が自由に表れるのを邪魔するのです。

　人々は自分の欠点を直ちに崩壊することによって成長

し、強靭になり、一層の明確さと力強さで自己の本質を表わしていくのです。本当の意味での「魂」へと転換するのです。

ひとつの例を挙げますと、左頁の木は、主な何本かの根によって支えられています。これらの根の唯一の役目は、木のために養分を吸収することではなくて、その木が風や木自身の重みによって倒れないように支えることなのです。そして地面の表面に広がりながら、木に養分を与える樹液を吸い上げるのが小さな根なのです。

　私たちや人類の「エゴ」もこのようなものです。木を支える太い根は、堕落、怒り、復讐、高慢などのような、主な欠点を象徴しています。そして小さな根は細かい事柄を意味します。いろいろな欠点に属し、表面に表われるあの些細な事柄です。私たちはそれを欠点とは思いませんが、実はそれらはエゴに養分を与えているものなのです。エゴは、我々が数多く持っているこれらすべての些細な事柄によって育っていくのです。

　木の幹を支えている、我々の持つ何千もの小さな欠点に気付くために、私たちは自己観察をはじめなければなりません。そして、来たるべき災いから救済されることを望むすべての人々は、小さな根である木の養分を取り去ることをすぐはじめなければなりません。
　小さな欠点とは例えば良くない考え、憎しみ、他人に対して感じる嫉妬、野心、金やつまらないものの貯蓄、嘘を

つくこと、おごりに満ちた言葉、貪欲などで、要するにこれらすべての根本的に好ましくないものの破壊に人々は真剣に取りかからなければなりません。

　我々の内には、「聖なる母」と呼ばれる、もうひとつの神の光のかけらが存在します。彼女の使命は自分の持っている槍で欠点を破滅させることです。
　どんなに些細な欠点であろうとも、内なる「聖なる母」に向かって「わが聖なる母よ、この欠点を私から取り除き貴女の槍で壊してください」とお願いすべきです。そうすれば彼女は願ったとおりにしてくれるでしょう。なぜなら我々を解放するために、このような方法で我々を助けるのが彼女の使命だからです。
　このようにして徐々に栄養欠乏となり枯れていくエゴの木は、もはや伸びるわけにはいきません。

　私がここで教えることは、実践、実行へと導くためです。
　どこへ行こうが、仕事をしていようが、何をしていようが、思考、感情、性感に注意を払わなければなりません。これらはすべての欠点が表出する三つの中心点です。これら三つの中心点のどれかから、ある欠点が表に出たときには、直ちに「聖なる母」にそれを破壊してくれるように懇願するのです。

私がエゴの死を目的として教示していることを実感することで、「理性的純潔」が得られ、人類愛を学ぶことができます。欠点を破壊する努力をしない人間は決して純潔に到達しないばかりか、他人に愛情を感じることさえできないでしょう。なぜなら、自分自身を愛していないからです。

　欠点の破壊と霊体の出遊は、救済のための唯一の方法なのです。

霊体の出遊

　親愛なる読者の皆さん。
　霊体についてお話しするにあたり、私はみなさんに何年も前に死んだ人の夢を見たことがあるか、自分の身体で実際に行ったことのない土地や会ったことのない人の夢を見たことがあるかどうかをお尋ねしたいと思います。「昨夜こんな夢を見ました」という、人々が普段「夢」と呼ぶものです。しかし、もし肉体がベッドで休んでいたのなら、なぜ他の場所の夢を見たのだろう、と考えをつきつめる人はいません。

　これは「霊体」の属する、重力も距離も散在しない「霊的次元」または「五次元」の世界なのです。「霊体」は肉体とまったく同じでエネルギーにあふれ、思考の如く超高速で移動し、宇宙に関して知りたいことすべてを探求することができます。

　五次元においては、我々は移動し、探索し、「天使」や「聖母」、そしてすべての「聖なる階級」が何かを知ることができます。彼らもやはり自由に動き、また本には書かれ

ていない、人間の知性を超えた「智識」について語り、教えます。誰かが、「秘術」と呼ばれるものについて自ら知りたいと思えば、そこで知ることができ、それはもはや秘密ではなくなります。

　重要なことは、眠っている間に無意識のうちに遊離するのではなくて、意識がはっきりした状態で肉体から遊離し、全くの意志によって移動するということです。

　さて、親愛なる読者の皆さん、もし霊体への遊離を実践するのなら、私が実際に使い、良い結果をもたらしたマントラをあなた方に教えましょう。マントラとは、我々を意識的に肉体から遊離させ、また元に戻す魔法の言葉です。

　横になり、体をリラックスさせて、これらの魔法の言葉を三回または五回唱え、その後、頭の中で繰り返します。
　足から頭にかけ全身に電流が通り、力が抜けたようになって、動きたくないような怠惰状態の中に入るのを感じた時、最大限の注意を払って起き上がり、身体を揺すらずに立ち上がって、小さく飛び上がってください。するとただちに浮遊状態になります。

　霊体で浮遊しているのを見て、不安になったり、驚いた

り、あまり喜び過ぎたりないように。これはすべての人間ができることですが、彼らには特別な事は何も起こりません。というのは、無意識のうちに浮遊しているのであって、自分の意志によってやっているのではないからです。

　我々はみな、それぞれ「父」と呼ばれる「精霊」を持っています。空中に浮かぶのを確認したらただちに「わが父よ、私をグノーシス教会に連れて行ってください」と言うか、または行きたい場所や知りたい所に連れて行くように頼むのです。彼は電光石火の速さであなたを連れて行きます。そこであなたは「聖なる階級」から直接教えを受けるでしょう。

　このようにして、あなたは本にも書かれていない、大学でもどんな所でも教えていない真の「智識」を学んで行くのです。これを毎晩実践されることを望みます。

　マントラは「ララス」LA　RA　S です。このマントラはそれぞれの音節を長く伸ばして発音します。

ラ－－－－－－－－－－－－－（L llllllllllllaaaaaaaaaa）
ラ－－－－－－－－－－－－－（Rrrrrrrrraaaaaaaaaaa）（注1）
ス－－－－－－－－－－－－－（Sssssssssssssssss）（注2）

（注１）この音は巻き舌のラであること。発音が正確でないと、マントラの効果はありません。
（注２）蛇の音のように。無発音で、英語のＳの発音を伸ばすように。

「ファラオン」FA　LA　ON　は、霊体へ遊離するためのもう一つのマントラです。

ファ－－－－－－－－（Faaaaaaaaaaaaaaaaaaaa）
ラ－－－－－－－－－（Rrrrrrrrrrraaaaaaaaaaaa）（注１）
オン－－－－－－－－（Ooooooooooonnnnnnnnnn）

　私はあなた方に、意識を高い次元へと覚醒させるためのもう一つの鍵を与えます。

　我々がここで見るもの、我々を取り巻くものすべては、家も、人も、車も「霊体」というもう一つの体を持っているのです。ある人が肉体にいるのか、霊体にいるのか、どこにいるのか識別したいときは、人や家や場所など辺りにあるものすべてを見回し、「なぜ私はこんなものを見ているのだろう。何かおかしい。自分は霊体の中にいるのだろうか、それとも肉体の中にいるのだろうか」と、こんな問いかけをします。そして浮かびたいという意志を持って小さく跳びます。

1メートルも跳ぶ必要はありません。地面から数センチ跳び上がるだけで、もう肉体の中なのかそうでないかが判ります。もし浮かべば霊体の中にいるのです。そして浮かぶのを確認したらただちに「内なる父」に、グノーシス教会または行きたいと思う場所に連れて行ってくれるように頼まなければなりません。

　毎日、職場やあなたがいる場所で、1日のうちできるだけ多くの回数を実行してください。そうすれば結果が現れるでしょう。

　私は自分の霊体を通して徹底的に探求しました。また、霊体のおかげで、このように全てのことが細かくわかるのです。ですから、自分の発言に対して確信があり、ゆえに、この本に書いてあることを維持します。

あとがき

　私はこれらの方法を人類に捧げます。
　なぜなら、来たるべき災いからの救済を真に願う人は、心理的自我、つまり、我々の何千もの欠点のすべてをただちに破壊しはじめなければならないからです。救済のその時には、解放に到達するまでの間、安全で何も起こらない、自分自身の修業を続けることができる場所へと運ばれる資格があるように自分を磨くのです。こういう人が災いから逃れうる人なのです。

　神の審判はこの人類を「無駄な収穫」と呼びます。つまり、何もなすすべがないのです。来たるべき破壊は、神々がすでに我々のためにもう何もできないために起こされるなのです。したがって、「聖なる階級」にとって、これは何も驚くべきことではなく、すべて予想されていることなのです。

　親愛なる読者よ。私は真剣に実践に取り組むことの必要性を理解していただけるよう、非常に明確に話しています。実践しているものは危険から救われるからです。これは理

論を立てたり、議論をさせたりするためではなく、この本をとおして皆さんに伝えている真の教えを経験してもらうためです。我々が頼れるものは他にはないのですから。

　私は煽動者ではありません。来たるべきもの、起こるべきことについて警告しているひとりの人間です。私があなた方に述べていることは非常に重大で、神を畏れる者は我々を「父」から引き離している自分たちの欠点と戦うことを直ちに実践しはじめるべきです。

　神秘学の部分に関しては、もっと述べることもできたのですが、皆さんの時間を割くより、まずは各自が私の教える修業をぜひ実行されるようお願いしたいのです。なぜなら、これが人類の進むべき道であり、誰一人として迷わないことを願うからこそなのです。

親愛なる読者へ

　もう少しの情報をお望みでしたら、下記住所までご連絡ください。

　　CAIXA　POSTAL　1090
　　CEP　38400-970
　　Uberlandia MG-Brasil

ヘルコルブス、または赤い惑星

2004年3月24日　初版発行

著　　者　　V．M．ラボル
装　　幀　　谷元　将泰
発 行 者　　高橋　秀和
発 行 所　　今日の話題社
　　　　　　東京都品川区上大崎2-13-35 ニューフジビル2F
　　　　　　TEL 03-3442-9205　FAX 03-3444-9439
印　　刷　　互恵印刷＋トミナガ
製　　本　　難波製本
用　　紙　　富士川洋紙店

ISBN4-87565-528-2 C0011